100.000 FANS A LA VELOCIDAD DE LA LUZ

Helio Laguna

Título: 100.000 Fans a la Velocidad de la Luz
© 2017, Helio Laguna
© De los textos: Helio Laguna
Ilustración de portada: Francisco R. Trejo
Revisión de estilo: www.escritoyhecho.com
1ª edición
Todos los Derechos Reservados.

¡¡IMPORTANTE!!

No tienes los derechos de Reproducción o Reventa de este Producto.

Este libro tiene Todos los Derechos Reservados.

Antes de venderlo, publicarlo en parte o en su totalidad, modificarlo o distribuirlo de cualquier forma, te recomiendo que consultes al autor.

El autor no puede garantizarte que los resultados obtenidos por él mismo al aplicar las técnicas aquí descritas, vayan a ser los tuyos.

Básicamente por dos motivos:

Solamente tú sabes qué porcentaje de implicación aplicarás para implementar lo aprendido (a más implementación, más resultados).

Aunque apliques en la misma medida que él, tampoco es garantía de obtención de las mismas ganancias, ya que incluso podrías obtener más, dependiendo de tus habilidades para desarrollar nuevas técnicas a partir de las aquí descritas.

Aunque todas las precauciones se han tomado para verificar la exactitud de la información contenida en el presente documento, el autor y el editor no asumen ninguna responsabilidad por cualquier error u omisión.

No se asume responsabilidad por daños que puedan resultar del uso de la información que contiene.

Así pues, buen trabajo y mejores Éxitos.

TABLA DE CONTENIDOS

INTRODUCCIÓN 11

CAPÍTULO I. CÓMO HACER UN ESTUDIO Y ANÁLISIS DE MERCADO 15

CAPÍTULO II. LAS 2 FORMAS DE ENCONTRAR CONTENIDO VIRAL 21

CAPÍTULO III. CÓMO ENCONTRAR CONTENIDO VIRAL: LA HERRAMIENTA DEFINITIVA 25

CAPÍTULO IV. CUÁNTAS PUBLICACIONES HACER AL DÍA 31

CAPÍTULO V. CÓMO CREAR TU CONTENIDO VIRAL 35

CAPÍTULO VI. EL SECRETO DE LOS GRUPOS DE FACEBOOK 45

CAPÍTULO VII. LA MINA DE FANS 53

CAPÍTULO VIII. CÓMO ANALIZAR TUS ESTADÍSTICAS 63

CONCLUSIÓN 69

"Cada vez que empiezo leer un libro lo primero que veo son los créditos, los reconocimientos de personas que no conozco, las historias del por qué o cómo de ese libro.

Y en numerosas ocasiones he dejado de leer porque pasan 100 páginas antes de que pueda entrar al tema por el cual compré el libro.

Aquí no va a ser así, aquí vamos ir directamente al grano."

Helio Laguna

INTRODUCCIÓN

Hola, ¿qué tal?

Te saluda Helio Laguna y te quiero dar la más cordial bienvenida a *"Cien Mil Fans a la Velocidad de la Luz."*

Puede que te estés preguntando cuánto tiempo es "tiempo récord".

Pues déjame decirte que va a depender mucho de ti y de cómo apliques toda la información que voy a revelarte. Cuanto más y más rápido lo apliques, mejores resultados vas a obtener.

¿Qué te voy a revelar en este libro?

Toda una estrategia compuesta de una serie de pasos:

El Paso Número 1.

Es hacer un estudio y un análisis de mercado.

¿Por qué hacer un estudio y un análisis de mercado?

Porque lo primero en lo que te tienes que enfocar es en conocer a tu audiencia, a tu mercado y para ello, te voy a contar cómo debes analizar a tu competencia, cómo debes analizar esos referentes, esas Fan Pages principales con las que vas a competir y, cómo no, a superar si aplicas esta información de forma constante.

El Paso Número 2.

Te contaré cómo encontrar contenido viral para tu Fan Page, esto es algo fundamental.

¿Por qué?

Porque no todo el contenido de Facebook es viral.

Así que vas a ver cómo encontrar contenido realmente viral para tu propia Fan Page.

Contenido que esté probado que funcione.

El Paso Número 3.

Te mostraré cómo crear una comunidad fiel a ti.

¿Por qué crear una comunidad?

De nada te va a servir tener cien mil fans, un millón de fans, cinco, diez, cincuenta millones de fans, si estas personas no conectan contigo, no conectan con tu marca personal, de corporación o de comunidad.

A partir de aplicar lo que vas a aprender en este libro, comenzarás a crear una comunidad fiel a tu contenido, es decir, vas a enamorar a tus fans.

La palabra clave es "interacción" con tu audiencia y por eso, te voy a enseñar todas las formas mediante las cuales, puedes interactuar con tu audiencia para crear una gran comunidad fiel a ti y enamorar a tus fans.

El Paso Número 4.

En este paso te revelaré cuál es la mina de fans. Ya te adelanto que este es el secreto mejor guardado de los grupos de Facebook.

Te voy a contar cómo publicar correctamente en los grupos, es decir, en qué grupos publicar y qué tipo de contenido publicar en esos grupos, además de cómo localizar los mejores en base a tu temática.

Si bien debes publicar tu contenido en tu Fan Page, también debes buscar el contenido de mayor aceptación para llevarlo a los grupos.

Debes considerar a tu Fan Page como una especie de laboratorio para detectar el contenido que se viraliza y después darle la mayor cantidad de difusión por todos lados y los grupos son una de las mejores formas para hacerlo.

El Paso Número 5.

Voy a enseñarte cómo analizando tus estadísticas, tus posts, tus vídeos y tus imágenes, sabrás determinar qué es lo que está funcionando y qué es lo que no está funcionando, cómo vas en comparación con la semana anterior y con tu competencia y qué puedes hacer para seguir mejorando en base al comportamiento de tu audiencia y dándole el contenido que quieren.

Y antes de que empecemos de lleno con todo lo que tengo para darte, quiero hacerte unas recomendaciones para que le puedas sacar todo el jugo posible a este libro:

Primero: Aplica todo lo que vayas aprendiendo

Ya sabes que si no hay implementación no hay resultado y si no hay resultado, no hay fans y no te va a servir de nada este libro, así que aplícalo.

Ve paso a paso.

Es decir, lee la lección y luego aplícalo inmediatamente.

De nada te vale decir: *"Voy a echarle una ojeada rápida y luego volveré a leerlo y empezaré a implementarlo"*.

No, no funciona así.

Lee la lección e impleméntala inmediatamente, porque si no, te va a ser mucho más difícil que puedas implementar bien esta información y avanzar rápido.

Si lo haces como te indico, verás que lograrás resultados en tiempo récord.

Segundo: Recuerda por qué estás aquí y ahora

Tú quieres más fans, ¿cierto?

Pero ¿por qué quieres más fans?

¿Quieres más fans simplemente por fama?

¿Quieres más fans porque quieres vender algún producto o algún servicio que pueda llegar a miles de personas?

¿Quieres más fans porque estos productos y servicios que vas a vender te van a dar la libertad financiera?

¿Por qué quieres hacerlo en tiempo récord?

Pregúntate eso y recuerda muy bien por qué estás haciendo todo lo que vas a estar haciendo desde hoy, porque si lo mantienes en mente vas a seguir accionando.

Tercero: Cero perfeccionismo

El perfeccionismo no te va a ayudar a avanzar rápido en esto.

Para avanzar rápido, debes mantenerte incómodo y aplicando toda la información que vas a descubrir en este libro.

Pero ya está bien de cháchara.

Esto se trata de meterle velocidad, así que te doy la más cordial bienvenida y vamos a avanzar hacia el paso número 1.

¡Vamos allá...!

CAPÍTULO I.

CÓMO HACER UN ESTUDIO Y ANÁLISIS DE MERCADO

Este paso es vital, ya que si no conoces a tu mercado, a las Fan Page principales que están en tu sector, a tu competencia, a tus posibles aliados, además del comportamiento de tu audiencia, te va a ser muy difícil poder hacer crecer tu Fan Page de forma acelerada.

Dicho de otra manera, cuanto más conozcas a tu competencia qué le gusta a tu audiencia, cómo se comporta, cómo habla, etc., más fácil te va a ser conectar con ellos.

¿Por qué analizar a tu mercado?

Porque te permite mirar las principales Fan Pages y ver qué están haciendo, para saber qué les está funcionando, qué no les está funcionando y qué puedes mejorar.

También te sirve para encontrar los mejores grupos en tu mercado.

Recuerda que publicar en los grupos es uno de los pilares fundamentales a la hora de llevar a cabo esta estrategia porque, de lo contrario, no se va a poder maximizar toda esta maquinaria para producir fans en tiempo récord.

Hacer un estudio te ayudará a entender mejor el comportamiento de tu audiencia y a saber cómo hablan, qué les motiva e inspira a compartir mensajes y a dejar un comentario, entre muchas cosas.

Es vital tener muy claro a quién te estás dirigiendo, ya que te permite meter todo a la hora de hacer publicidad por Facebook y obtener fans a 0,001 centavos por fan e incluso menos.

En mi experiencia personal yo he conseguido fans hasta a 0,006 centavos por fan, así de poderoso es cuando implementas todo esto en conjunto.

Ojo, me gustaría aclararte esto antes de seguir, va a depender mucho de lo viral que sea tu publicación y de cuánta gente interactúe de forma directa con ella, así que no te puedo prometer que obtengas estos resultados en cuanto a la publicidad.

Sin embargo, sí te puedo decir que el potencial es muy grande cuando aplicas esta estrategia de la manera correcta y tal y como te la voy a enseñar.

¿Cómo hacer tu estudio de mercado?

Es bueno que te preguntes cuáles son las páginas que te gustan en base a tu nicho de mercado o las más famosas de tu temática. Si no sabes cuáles son, entonces define primero las principales palabras claves del nicho de mercado al cual estás apuntando.

Por ejemplo, si yo apunto al mercado de jóvenes emprendedores o jóvenes que quieran ser millonarios, ¿cuáles van a ser mis palabras claves?

Jóvenes millonarios, jóvenes emprendedores, mentes millonarias, etc.

Ahora bien, ¿cómo harás tu estudio de mercado?

Digamos que quieres abrir una Fan Page que trata sobre perros.

Lo primero que vas a hacer es abrir el buscador de Facebook y buscar "perros".

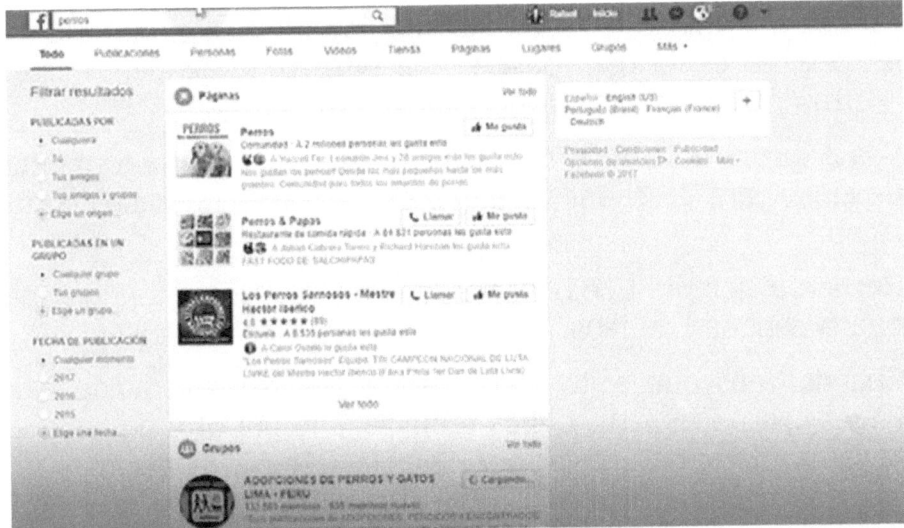

Después vas donde dice "páginas".

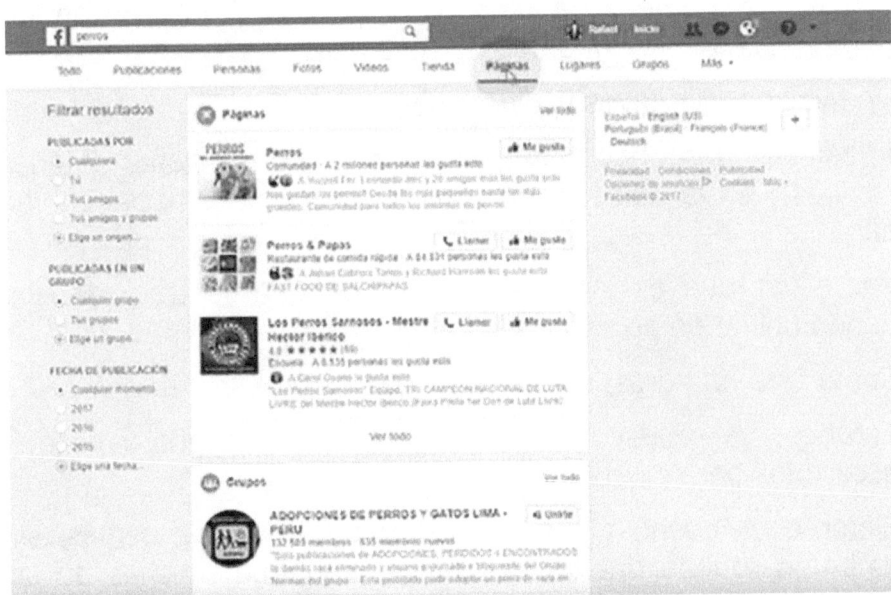

Le das clic y sale que hay una Fan Page que tiene 2.000.000 de fans, otra que tiene 84.000, etc.

Así vas a ir viendo las palabras que usaron para el nombre de la página e incluso puedes hacerte una pequeña lista: "Perros", "Amo a mi perro", "Me encantan los perros"...

Vas a buscar con la única intención de generar una tormenta de ideas para descubrir las palabras clave más utilizadas en tu nicho.

Recuerda siempre que debes elegir Fan Pages que tengan una buena cantidad de fans.

Cuando veas que el término "perros" ya te está dando Fan Pages con pocos fans, debes reemplazarlo por otro de los que hayas anotado en tu lista, por ejemplo, "Amo a mi perro".

¿Para qué?

Para descubrir más Fan Pages en las que hay un montón de gente que ama a sus perros.

Una vez que tu lista es bastante extensa, dirígete a la página con mayor número de fans, por ejemplo, "Nos gustan los perros" que tiene 2.000.000 de personas.

Una vez en ella, investiga sus publicaciones.

Imagínate, que hay una publicación que se llama "Modas caninas", en la que hay un enlace de Google y haces clic en él.

Vas a ver qué es y te das cuenta de que se trata de una tienda online de accesorios para mascotas.

Como está en euros, quiere decir que es de España.

Entonces ya sabes que esta página es de España y venden accesorios para perros.

Siempre es bueno mirar qué están haciendo los demás, sin embargo, puede que te encuentres con que muchas de las

Fan Pages, aunque tengan muchos fans, están desactualizadas, pero no importa porque ya obtuviste una idea para tus publicaciones.

Así vas a seguir viendo otras Fan Pages de perros para ver lo que están publicando y cómo generan dinero, si es que lo generan.

También debes fijarte en cuántas publicaciones hacen y la periodicidad con que las hacen.

¿Cómo?

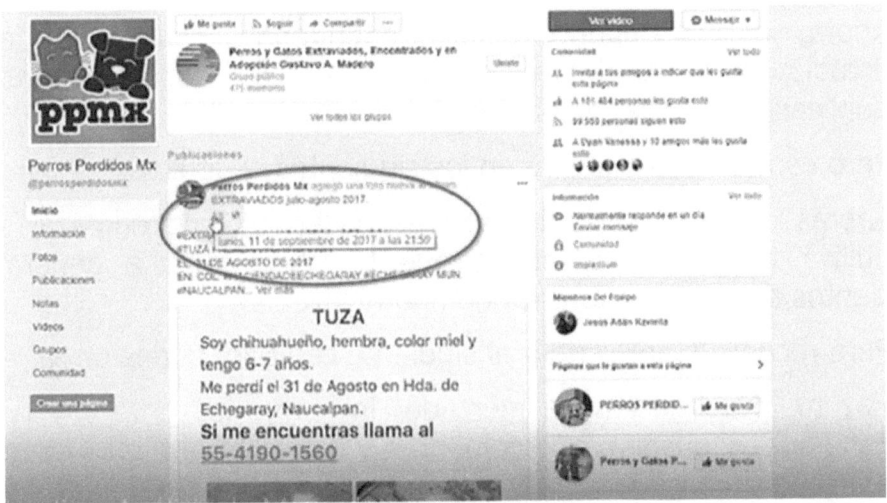

Pasas el ratón sobre donde te indica el tiempo que hace que se publicó y te van a aparecer el día y la hora exactos de la publicación y así puedes ir viendo los periodos de publicación.

Eso es lo que tienes que hacer para ir generando tu estudio de mercado con respecto a las Fan Pages para ir conociendo más y más Fan Pages en base a tu sector.

Ahora bien, una vez que, ya hiciste tu estudio en base a las Fan Pages, toca mirar en grupos.

Aquí te puedes encontrar con grupos públicos, es decir, que puedes verlos sin necesidad de unirte o grupos cerrados, en este caso tienes que unirte para ver el contenido.

Debes ir seleccionando, al igual que hiciste con las Fan Pages, los grupos en los que consideres que puede haber un contenido relevante en el nicho de los perros, para que la gente vaya e interactúe por ahí y vas viendo qué andan haciendo.

Enseguida te voy a enseñar cómo puedes armar tu carpeta, tu documento, donde vas a colocar todos los grupos en los que vas a publicar tu contenido.

Ahora, lo más importante es que entiendas cómo hacer el estudio de mercado y en base a ello saber cuántas publicaciones hacer y sobré qué temas.

Pero eso ya te lo muestro en los siguientes capítulos.

Sabrás qué tipo de publicaciones hacer y cómo empezar a utilizar toda esta estrategia que te va a llevar a generar cientos de miles de fans en tiempo récord.

Pero recuerda, antes de ir al siguiente capítulo, tienes tarea.

Haz tu investigación de mercado, investiga los grupos y las Fan Pages y observa qué comentan y qué publican, tal y como te acabo de enseñar.

En cuanto lo tengas, regresa a la lectura del libro para avanzar al siguiente capítulo.

¡Buen Trabajo!

CAPÍTULO II.

LAS 2 FORMAS DE ENCONTRAR CONTENIDO VIRAL

Pues vamos a entrar en materia para ver cómo puedes encontrar contenido viral para tu Fan Page.

¿Para qué vas a necesitar este contenido viral?

Para hacer que tu Fan Page crezca mucho más rápidamente.

No todo el contenido en Internet es viral, eso es un hecho, por eso te voy a mostrar las dos formas de encontrar este contenido para tu Fan Page.

La Forma Gratuita

Quizá sea la menos efectiva, ya que no puedes medir ciertas cosas, sin embargo, nada te puede detener a la hora de encontrar contenido viral para tu Fan Page, así de sencillo.

Este contenido, al ser gratuito, lo vas a poder hacer viral desde tu Fan Page, así que no tengas la menor duda, utiliza todas las opciones que tengas.

La Forma Pagada

Hay muchas herramientas para hacer la búsqueda de contenido viral, pero la que te recomiendo es una herramienta llamada Octosuite, en el siguiente capítulo te voy a mostrar cómo funciona.

¿Por qué Octosuite?

Porque te permite "espiar" otras Fan Pages, es decir, ver qué contenido es más viral y ordenarlo desde el más viral, hasta el menos viral.

Esto te va a ayudar muchísimo porque este contenido ya está testeado que funciona y si está testeado que funciona, solamente tienes que buscar la mejor forma posible de replicarlo con tu estilo propio, eso sí, en tu Fan Page y seguir todos los pasos de la estrategia que te voy a desvelar en este libro.

Estas son las dos formas que puedes utilizar para encontrar contenido viral para tu Fan Page, ahora bien, sin importar cuál de las dos uses, lo importante es utilizar tus recursos actuales y actuar con lo que tengas a mano.

Si lo haces de esta forma, ten por seguro que si implementas este sistema sin excusas, de forma continua y paso a paso de forma disciplinada, vas a obtener muy buenos resultados, así de sencillo.

Cómo encontrar contenido de forma gratuita

Una vez que estás en Facebook, vas a la sección de estadísticas de tu Fan Page para utilizarla a tu favor.

¿Cómo?

En ella puedes ver qué contenido puedes viralizar más y observar las métricas te va a ayudar a determinar y entender mucho mejor el comportamiento de tu audiencia.

Esto te permite crear contenido dirigido específicamente a ellos y esto va a hacer que se vuelva viral sí o sí.

En la parte final de la página de estadísticas, hay una sección llamada "páginas en observación".

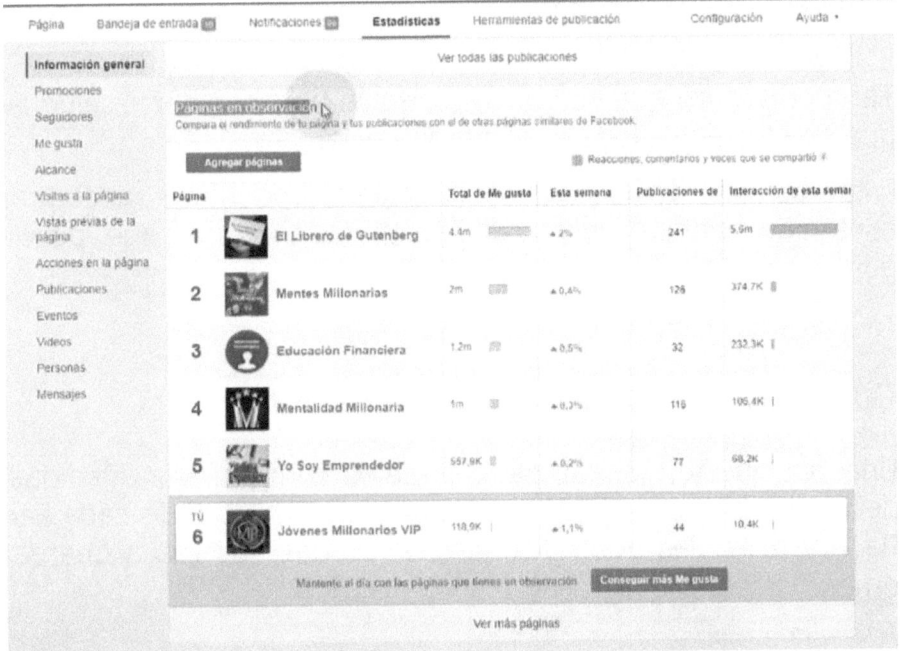

En un principio esto te va a aparecer sin páginas, sin embargo, puedes ir añadiendo páginas de tu competencia y así vas a obtener métricas, como las interacciones y todas estas cosas, sobre sus publicaciones.

Sin embargo, no te vas a conformar con estos datos, sino que vas a hacer clic para entrar en ellas y ver cuáles son sus publicaciones destacadas de la semana.

¿Para qué?

Para encontrar contenido destacado por Facebook, según su algoritmo, y todas estas publicaciones, al ser relevantes, las puedes utilizar para viralizar tu Fan Page.

Es decir, añades las Fan Pages más destacadas de tu competencia y le das a "observar página".

Después entras a ver sus publicaciones más destacadas de la semana y utilizas este contenido, no sin antes adaptarlo a tu estilo, en tu Fan Page.

Ten por seguro que se hará viral entre tus seguidores, al igual que se hizo entre los de tu competencia.

Esta técnica te va a servir muchísimo para encontrar contenido gratis, sin pagar por el Octosuite y que pueda gustarle mucho a tu audiencia.

Cómo guardar el contenido gratuito

Una vez que tengas las páginas de tu competencia añadidas, debes crear una carpeta en tu PC con el nombre de cada Fan Page y todas las publicaciones destacadas, las vas a guardar en esa carpeta.

¿Cómo?

Simplemente haces clic derecho en la imagen viral de la Fan Page "espiada" y después haces clic en "guardar cómo", eliges la carpeta que acabas de crear para esa Fan Page y guardas este contenido viral.

Recuerda que este contenido ha sido destacado por Facebook y eso quiere decir que fue aceptado por la comunidad de la Fan Page de tu competencia o páginas similares.

Esta es la forma gratuita de hacerlo.

En el siguiente capítulo te voy a enseñar la forma pagada, por medio de la utilización de Octosuite y qué ventajas puede ofrecerte para conseguir aún más contenido viral de una forma más sencilla y respaldado por números.

Porque, aunque en la página de estadísticas de Facebook, todo está respaldado por números, en Octosuite te los da de una forma mucho más amigable y te ofrece muchas herramientas que van a potenciar aún más todo esto.

CAPÍTULO III.

CÓMO ENCONTRAR CONTENIDO VIRAL: LA HERRAMIENTA DEFINITIVA

Bueno, pues vamos allá.

Si en el capítulo anterior te enseñé la forma gratuita de buscar contenido viral para tu Fan Page, ahora te voy a mostrar la forma pagada, es decir, te voy a enseñar cómo buscar tu contenido viral con la herramienta Octosuite, que Octosuite es una herramienta de pago.

Si decides adquirirla, te recomiendo que lo hagas en la versión de único pago de por vida porque es preferible comprarlo de una sola vez y no pagar más por esta herramienta que te va a permitir buscar todo el contenido viral de una forma muchísimo más sencilla.

Conociendo Octosuite por dentro

Una vez que lo compres y hayas completado todo, te darán acceso a tu área de miembros donde verás los vídeos de bienvenida y un breve tutorial para que sincronices la aplicación con tu cuenta de Facebook.

A partir de ahí, ya puedes empezar a usar las distintas funciones de esta poderosa herramienta:

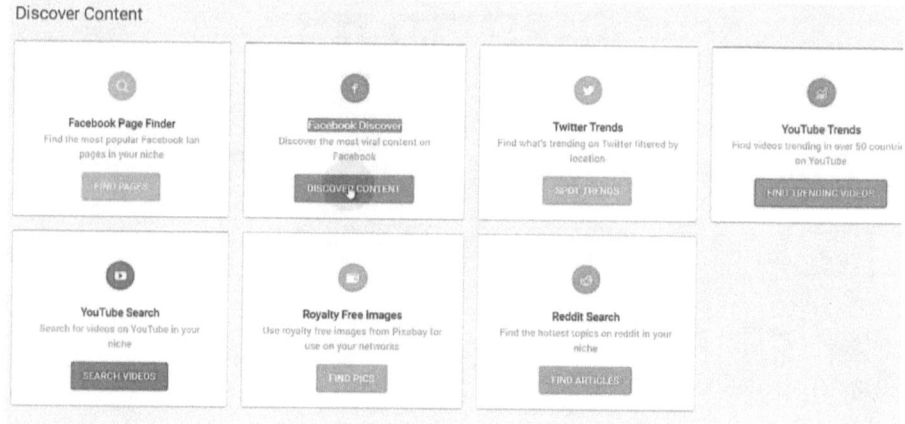

"Facebook Pages Finder"

Esto es para encontrar el contenido más popular en Facebook en las páginas de tu nicho.

"Facebook Discover"

Con esta función puedes descubrir el contenido más viral dentro de Facebook, ya que se trata de un buscador de Fan Pages.

"Twitter Trends"

Te permite encontrar las tendencias de búsqueda en esta red social, en más de 50 países.

"YouTube Trends"

Se trata de un buscador de las tendencias de YouTube en más de cincuenta países, básicamente lo mismo que en "Twitter Trends".

"YouTube Search"

Te permite buscar contenido relacionado a tu temática dentro de YouTube.

"Royalty Free Images"

Te da la opción de encontrar imágenes libres de derecho.

Para ello, debes hacer clic sobre el botón verde donde dice "FIND PICS" y puedes buscar muchas imágenes, porque tiene más de 1,1 millones de imágenes y vídeos libres de derechos de autor, dado que está patrocinada por Pixabay, el buscador más grande de imágenes royalty free.

"Reddit search"

Esto de Reddit no te va a servir de mucho, a menos que uses Reddit, pero eso es otro tema.

¿Cómo utilizar Octosuite?

En el "Home" o página de inicio, tienes el buscador de páginas de Facebook.

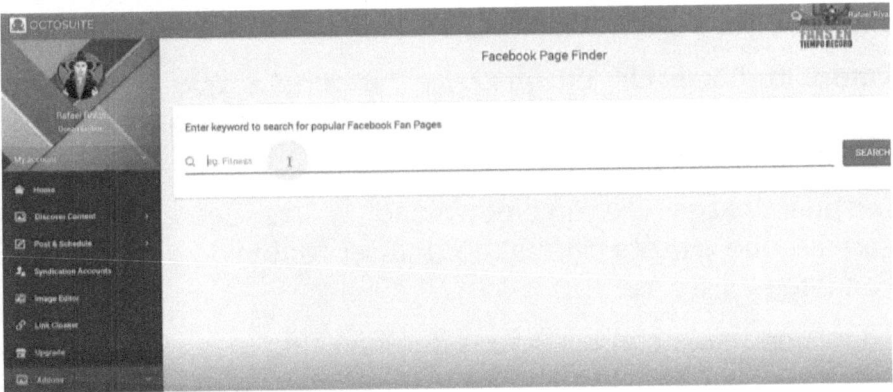

Aquí puedes colocar una palabra clave y haces clic en "buscar".

Al momento, te van a aparecer un montón de páginas relacionadas a tu temática y así puedes hacer tu estudio de mercado mucho más específico en base a tus palabras clave.

También te muestra cuántas personas están hablando de esa página y si ves que están hablando muy pocas personas, quiere decir que esta página no está activa y pasas a otra.

Imagina el tiempo que ahorras solo con esto.

Pero tú ya no vas a buscar por palabras clave.

¿Por qué?

Porque lo que vas a hacer es buscar es ir a "Facebook Discover" y vas a colocar en el buscador el link de las páginas que determinaste como referentes en tu página de estadísticas de Facebook.

Una vez has hecho esto, tan solo te queda pedirle que te dé lo que quieres obtener, fotos, vídeos, enlaces...

Una vez te da la relación del contenido que deseas obtener de esa página, tienes la opción de ordenarlo en base a las que más interacción han tenido, los más recientes y los más virales.

Y por supuesto, lo que vas a hacer es buscar las fotos más virales.

Para ello, haces clic en "discover", esperas a que cargue y te van a aparecer todas las imágenes que han sido virales, desde la más viral hasta la menos viral.

Después haces clic en "download" y las descargas en la carpeta que creaste para almacenar el contenido viral de cada Fan Page y listo.

Lo mismo harás con los vídeos que han sido más virales.

Créeme, esto te va a servir para crear tu propio contenido viral en muy poco tiempo para luego publicarlo en tu Fan Page.

Este es el auténtico poder de esta herramienta, que si la sabes aprovechar muy bien, te va a ayudar a crecer el número de fans de tu Fan Page en tiempo récord gracias a tu contenido viral.

CAPÍTULO IV.

CUÁNTAS PUBLICACIONES HACER AL DÍA

No existe un número mágico que responda a esta pregunta, tan solo existen datos y estadísticas que puedes utilizar a tu favor en este punto.

¿Por qué te digo esto?

Porque todo va a depender del nicho de mercado en el que estés y la mejor forma de saber cuántas publicaciones debes hacer, es simplemente mirando las publicaciones que está haciendo tu competencia o las Fan Pages similares y principales de tu sector.

¿Cómo lo puedes hacer?

Desde el panel de estadísticas de tu Fan page.

¿Recuerdas que añadiste las Fan Pages principales de tu competencia, las de tu sector principal de tu nicho de mercado?

Pues ahora es momento de volver a esa página y ver las estadísticas de publicaciones de cada Fan Page para establecer un patrón de cuántas publicaciones están haciendo las personas que están en tu rubro y cuántas podrías hacer tú si quieres llegar a tener esa cantidad de interacciones y esa velocidad de crecimiento.

La idea básica en cuanto al análisis de competencia es ver qué están haciendo y luego mejorarlo.

Es decir, si te encuentras que las Fan Pages de tu nicho hacen 100 publicaciones a la semana, podrías hacer entre 14 a 16 publicaciones al día en tu Fan Page o si en tu estudio te encuentras que el estándar de tu mercado publica unas 7 publicaciones a la semana, tendrías que hacer solamente entre 1 y 2 publicaciones al día para cumplir esta meta.

Recuerda, varía mucho dependiendo del nicho de mercado en el que te encuentres, muchísimo.

¿Cómo crear tanto contenido al día?

Yo lo que te recomiendo es que lo vayas haciendo paso a paso y si no tienes mucho tiempo, puedes delegar esta tarea de creación de contenido a alguna persona.

Yo delego contenido, de manera que lo que hago es mandarle a esta persona una relación con todo el contenido que debe crear y esta persona va y lo crea con mi propia marca de agua, mi diseño gráfico y todas estas cosas.

Esto es lo recomendable, pero como te digo va a depender muchísimo de en qué situación te encuentres. Si apenas estás comenzando y estás solo o si tienes un equipo de trabajo y puedes darte el lujo o la posibilidad de poder delegar parte de esta tarea.

En caso de que lo quieras hacer tú, puedes comenzar creando 8 publicaciones al día.

Esto te podría generar cierta incomodidad al principio, sin embargo, si tienes que publicar 28 veces al día, varias de estas pueden ser reposts, lo vamos a ver más adelante, no te preocupes.

Pero imaginemos que tienes que hacer 20 imágenes al día, eso te podría consumir entre una y dos horas diarias solamente en lo que es la creación de contenido.

Entonces, mi consejo es que comiences por 8 publicaciones al día, luego al día siguiente pasas a 10, luego a 12 y así hasta que llegues a 20 y tratas de mantener ese ritmo de creación de contenido.

No necesariamente tienen que ser imágenes, sino también pueden ser vídeos.

Tips para crear Contenido Masivo

1. Ten una carpeta de imágenes muy grandes y de imágenes genéricas en tus sectores

Yo tengo una carpeta de unas 500 imágenes.

De hecho, estoy creando otra para lo que es la creación de mi contenido y no tener que estar mucho tiempo buscando en Internet una imagen en particular.

2. Ten una carpeta de entre 300 a 1.000 publicaciones virales

En base al estudio que has hecho, recopila en una carpeta el contenido viral listo para poderlo crear después o para poder delegar su creación.

3. Dedica un espacio de tiempo

En este caso, si lo haces tú, ten enfoque absoluto en crear el contenido de tu Fan Page.

Enfoque absoluto significa cero Facebook, cero redes sociales, cero Email, cero WhatsApp, únicamente crear contenido.

Incluso puedes escuchar música, si esto te ayuda a mejorar la productividad y la creatividad, sin embargo, la idea es enfoque total.

CAPÍTULO V.

CÓMO CREAR TU CONTENIDO VIRAL

Hay muchos tipos de contenidos, como los gifs, los enlaces, pero las imágenes y los vídeos son los principales actualmente.

Los vídeos tienen, dependiendo del vídeo, hasta tres veces más alcance que las imágenes, pero también las imágenes pueden tener un excelente alcance.

Lo que te recomiendo es que utilices 50% de vídeo y 50% imágenes.

Digamos que si haces 10 post al día, 5 van a ser imágenes y 5 van a ser vídeos y los vas a intercalar, una imagen, un vídeo, una imagen, un vídeo... Esto incluye también los reposts, que es un tema que vamos a tocar más adelante.

En los vídeos también puedes incluir los Facebook Live, que son los que más alcance tienen actualmente.

Así que si puedes hacer un Facebook Live al día o a la semana, de unos 10 minutos, te sumaría algunos puntos en cuanto a alcance, sin embargo, no es imperante ni indispensable porque también puedes publicar solamente imágenes y vídeos.

Las imágenes y vídeos que te voy a enseñar a hacer son las que necesitas y las que hago yo para seguir viralizando mis Fan Pages en Facebook.

Vamos pues a ver cómo hacerlos...

La estructura de las imágenes y vídeos para Facebook

Tanto para uno como para otro formato, al ser la misma estructura, hay cuatro aspectos importantes a tener en cuenta:

El tamaño de la imagen o vídeo

Ambos van a ser de 750 x 750 píxeles o 30 x 30 centímetros en Power Point.

¿Por qué?

Porque este formato es cuadrado y es el tamaño de una imagen particular que hago para mis redes sociales.

Ese el ancho y el largo de la imagen y del vídeo que tiene la misma estructura que las imágenes, pero además va a tener una duración de entre 30 y 45 segundos.

Puedes colocar una imagen y transformarla en vídeo a través de un programa editor de vídeos como es Sony Vegas, Camtasia, etc.

Enseguida te muestro eso, sin embargo, te lo adelanto para que veas que puedes transformar imágenes en vídeos de una forma muy sencilla.

Los llamados a la acción

Lo vas a escribir en la parte de arriba de la imagen, en el espacio destinado a escribir lo que quieras a la hora de publicar un post.

Te recomiendo que evites utilizar palabras como "comenta", "comparte", "etiqueta", etc. ya que son palabras que, al detectarlas el algoritmo de Facebook, cierra un poco el alcance tus publicaciones porque le estás diciendo a tu audiencia qué hacer y eso a Facebook no le gusta mucho.

Puedes decirle qué hacer a la gente en tus posts, pero de una forma algo distinta. Puedes usar palabras como:

"Pásalo si te gustó".

"Pásaselo a esa persona que quieres o que admiras o con la que te sientes identificada".

"No te lo quedes, pásalo".

"Pásalo a quien deba saber".

"¿Cuál es tu opinión sobre esto?"

"¿Qué opinas al respecto?"

"¿Cierto o falso?"

Y así es cómo vas a utilizar sinónimos de esas palabras que no debes mencionar.

Es decir, en vez de "comenta", puedes poner "menciona tres cosas que te hayan gustado de este vídeo".

O en lugar de "comparte", di "Pásalo a quién deba saber" o "Pásalo si te gustó" o también, "Pásalo si tú también eres emprendedor", etc.

La letra tiene que ser grande

Es decir, la letra tiene que ser legible.

Las frases que publiques tienen que leerse muy bien y rápidamente.

Para ello, las fuentes y tipografías que yo uso en particular son las siguientes:

Helvética.

Bebas Neue.

Franklin Gothic Demi Cond Regular.

Arial Black.

Tahoma.

Entre muchas otras que sean legibles.

El llamado a la acción dentro del vídeo y la imagen

Esto es muy importante, porque aquí vas a combinar un llamado a la acción, tanto dentro del post o de la parte de arriba donde escribes como dentro de la imagen o del vídeo.

¿Por qué lo vas a hacer así?

Para aprovecharte de que el algoritmo de Facebook todavía no esté lo suficientemente avanzado en este momento para detectar que dentro de la publicación estén esos llamados a la acción.

Además, también te ayudará mucho a que la gente interactúe.

Recuerda siempre que la idea es que tu audiencia interactúe, comparta, etiquete, comente, en definitiva, que reaccione al ver tus publicaciones y no se queden sin hacer nada.

Si no es así, es porque estás haciendo algo que quizá no debes hacer.

Uno de los que mejor funcionan es, "Escribe cierto si estás de acuerdo".

Probablemente te suene y es porque seguramente que lo hayas visto antes en imágenes religiosas o cuando se menciona a Dios en alguna frase en particular, "Escribe amén si estás de acuerdo" porque conecta mucho más con toda la parte religiosa, no necesariamente de una religión en particular, sino de varias.

También puedes usar "Comparte si estás de acuerdo".

Esto hace que si tu audiencia está de acuerdo con la frase, que debe ser contundente y buena, la compartan.

Estos llamados a la acción en la imagen funcionan muy bien, pero no te cierres solamente a estos tres, si ves otro tipo de llamado a la acción que puedas hacer y que refuerce muy bien tu imagen o vídeo, adelante, úsalo y testéalo a ver cómo reacciona tu audiencia.

Dónde crear tus imágenes

Hay muchos programas para hacerlo, pero básicamente te recomiendo:

PowerPoint.

Keynote (para Mac).

Canvas.

Photoshop.

Fireworks.

Paint.

Además de estos, hay muchos más programas donde puedes hacer tus imágenes, así que no te detengas y hazlas.

Puedes inspirarte en las de tu competencia, pero la idea no es que las hagas exactamente igual, sino que seas diferente y te distingas de tu competencia.

Dónde crear tus vídeos

PowerPoint tiene una forma de crear vídeos, te recomiendo que busques tutoriales en YouTube, es muy sencillo y no te va a tomar más de 20 minutos aprenderlo y poder publicarlo en tu Fan Page

Camtasia Studio también funciona muy bien y Sony Vegas lo utilicé por bastante tiempo, sin embargo, me cambié a Premiere de Adobe.

¿Por qué te cuento todo esto?

Porque puedes utilizar cualquiera.

Dónde buscar las imágenes para tu Fan Page

Te recomiendo dos sitios, uno se llama PixaBay y son imágenes libres de derechos de autor y el otro es Google imágenes donde en este caso hay unas que sí son con derechos de autor y otras que son sin derechos de autor.

Pixabay

Tienes un banco de más de 1,5 millones de imágenes sin derechos de autor.

Para acceder a ellas, simplemente te registras una cuenta gratuita en Pixabay, pones en el buscador qué imagen buscas y una vez eliges la que te gusta, haces clic en el botón verde de descarga y te va a aparecer para que lo descargues en distintos tamaños.

Te recomiendo que lo descargues en el tamaño más grande porque es el tamaño que tiene mayor definición, aunque el tamaño de 1920 x 620 está muy bien también.

Google Imágenes

Para buscar imágenes en Google, vas a ir a la sección de imágenes y hay dos formas en las que yo busco personalmente en Google, una con términos en español y si no encuentro lo que busco, pruebo en inglés.

Si no encuentras imágenes de alta calidad y de alta resolución con un tamaño aceptable, haces clic en la pestaña de "herramientas", después haces clic en "tamaño" y eliges "tamaño grande".

Así te aseguras de que te van a aparecer, todas las imágenes de más de 1000 píxeles por imagen. Muchas te van a salir con derechos de autor y no las puedes utilizar porque tienen marca de agua, así que asegúrate de que estén libres de marcas de agua.

¿Qué hacer una vez elegidas las imágenes?

Te voy a mostrar la manera más simple, es decir, con PowerPoint.

Lo primero es abrir un PowerPoint nuevo.

Después haces clic en "diseño" y luego en "tamaño de diapositiva" y personalizas el tamaño (30 de ancho y 30 de alto), haces clic en "aceptar" y luego en "maximizar" y listo, ya tienes tu imagen adaptada.

Hay dos formas de hacer los textos y las letras.

Vas a buscar la imagen que elegiste y guardaste anteriormente y la vas a copiar y pegar en la diapositiva en blanco.

Para ajustarla al tamaño de 30 x 30 haces clic en el punto de la esquina y arrastras. Así la puedes agrandar sin que afecte a las dimensiones de la imagen.

Puede pasar que la imagen no se vea muy nítida.

¿Por qué?

Porque elegiste una imagen de 640 x 442 píxeles, por eso te recomiendo que busques en Google imágenes grandes, para que luego sean nítidas.

Una vez colocada la imagen, es momento de insertar el texto sobre ella.

Para ello, haces clic en "insertar", después en "cuadro de texto" y colocas el cuadro de texto sobre la imagen. Ahora no importa mucho el sitio exacto, pues luego puedes moverlo a tu antojo.

Lo siguiente es elegir el tipo de letra que vas a utilizar, el tamaño y el color.

Ahora es el momento de escribir el mensaje o la frase que quieras publicar.

Después ajustas el tamaño y ubicación del texto y el logo, la marca de agua de tu Fan Page.

Y para ello, vas a crear otro cuadro de texto desde cero: "insertar", "crear cuadro de texto", eliges ubicación, tamaño y color de letra y escribes tu marca de agua.

¿Dónde te recomiendo colocarla?

Lo más cerca posible de la frase o mensaje porque esto ayuda a que, si te quieren "robar" la imagen, va a ser muy difícil o casi imposible que te la puedan "piratear" la imagen o cambiártela, es decir, utilizarla sin tu marca.

Ya tienes la imagen, ya tienes la frase y ya tienes la marca de agua, ¿qué falta ahora?

"Escribe cierto si estás de acuerdo", el llamado a la acción dentro de la imagen.

Y para ello, vas a repetir el mismo proceso que con la marca de agua.

Eso sí, para resaltar aún más el llamado de acción, te recomiendo ponerlo en un color diferente y que resalte y además, pongas el texto entre comillas o subrayado.

Y así ya tienes tu primera imagen lista.

Si no estás acostumbrado a hacer imágenes, te puede tomar entre cinco y diez minutos al principio, pero a medida de que vayas adquiriendo experiencia, vas a ir creando más y más imágenes de forma mucho más sencilla y rápida.

Todo está en que lo hagas, en que tomes acción.

Con respecto al vídeo, te recomiendo que veas algún tutorial sobre cómo crear tus vídeos en PowerPoint.

Aun así, te digo que es muy sencillo.

Simplemente creas las imágenes en base a las medidas que te he dado y después le añades animaciones.

¿Cómo?

Haces clic en "animaciones" y después eliges qué animación vas a utilizar y cómo quieres que aparezca.

Hay miles de efectos, así que eso ya lo dejo a tu gusto.

CAPÍTULO VI.

EL SECRETO DE LOS GRUPOS DE FACEBOOK

Vamos a ver la forma en la que debes ir creando una comunidad fiel a ti, a tu contenido, a tu Fan Page.

Para ello es clave que interactúes con tu audiencia para generar un efecto de reciprocidad e ir creando una gran comunidad.

Porque de eso se trata. No tiene sentido que tengas un millón de fans si ninguno va a interactuar contigo, si vas a publicar y nadie reacciona a tus publicaciones, si nadie comenta, si nadie comparte...

Cómo interactuar con tu audiencia

1. Responde a los comentarios

Debes responder a los comentarios que las personas hagan en tus publicaciones. Si no a todos, a la mayor cantidad posible.

Obviamente, cuando se viralice uno de tus posts no vas a poder responder a 300, 500 o 1.000 personas, pero tienes que responder como mínimo a una cantidad moderada de ellas.

2. Da Like a los comentarios

Procura darle "me gusta" a los comentarios que te hacen y a las opiniones que expresan de ti.

3. Da Like a los contenidos compartidos

Darle "me gusta" cada vez que tu audiencia comparte tus publicaciones es muy importante e incluso, si estás comenzando, coméntales: *"Muchas gracias por compartir mi contenido"* o algo por el estilo.

Esto es algo que te destacará de otras Fan Pages.

4. Responde a los mensajes

Responde a los mensajes privados que te envíen, sí o sí.

También es importante que habilites la sección de opiniones en tu Fan Page, es decir, que la puedan puntuar del 1 al 5, ya que esto te permite saber el grado de satisfacción de tu audiencia con tu Fan Page y en qué áreas puedes mejorar.

¿Qué hacer cuando un post se hace viral?

Dale "me gusta", al menos, a los 50 primeros comentarios. No te va a tomar mucho tiempo.

Dale "me gusta" a las 50 o 100 personas que hayan compartido el post.

Responde, como mínimo, entre 10 y 20 de los primeros comentarios.

Créate una rutina de interactuación. Mi rutina es interactuar con mi audiencia por la mañana, por la tarde y por la noche.

Es decir, no puedo permitirme pasar todo el día en Facebook, sin embargo, me reservo 15 minutos por la mañana, otros 15 por la tarde y otros tantos por la noche, para poder mantener la interacción con ellos.

Tú puedes hacerlo, tanto tres veces al día como una sola vez al día, lo importante es que lo hagas y que lo hagas con la mayor cantidad de personas posible.

Interactuación en los grupos

Igual de importante que es interactuar dentro de tu Fan Page, lo es interactuar con las personas que están en los grupos donde vas a publicar, algo que vamos a ver más adelante.

Puedes hacerlo dándole "me gusta" a sus comentarios, es la forma más rápida.

Las autorespuestas

Otra cosa importante es tener preparadas autorespuestas para cuando te escriban, te hará ganar mucho tiempo y además te permitirá responder a muchas más personas.

Pero ¿en qué consiste esto de las autorespuestas?

Imagina que me escriben en mi Fan Page: *"Hola Helio. Muchas gracias por el contenido que compartes. Oye, tengo una duda sobre cómo hacer para emprender mi negocio..."*

Entonces le llega una autorespuesta que dice algo así: *"Hola, ¿qué tal, (nombre de la persona)? Muchas gracias por tu mensaje, te responderé a la mayor brevedad, posible. Un abrazo y muchos éxitos".*

Esa autorespuesta le llega a cualquier persona que me envía un mensaje a mi Fan Page y luego voy a tener el tiempo para responder el mensaje que esa persona me envió.

¿A que es interesante?

También puedes tener autorespuestas prediseñadas en un documento de Word para cierto tipo de acciones como, por ejemplo, para que te den su opinión sobre tu Fan Page.

Incluso, digamos que una persona te escribe en tu chat, porque va a pasar, una mano arriba nada más, suele pasar, créeme.

Entonces le envías una autorespuesta y si te responde bien o no te responde bien esa autorespuesta es lo de menos, lo importante es que esa persona invirtió parte de su tiempo y te envió un mensaje y ahí puedes aprovechar para pedirle una opinión y que puntúe tu Fan Page y le envías el link.

En otras palabras, es una oportunidad magnífica de mantener el contacto y seguir generando interacción en tu Fan Page.

Cómo configurar las autorespuestas

Para configurar una autorespuesta debes hacer clic en "configuración":

Luego vas a entrar en "mensajes" y después en "asistente de respuestas":

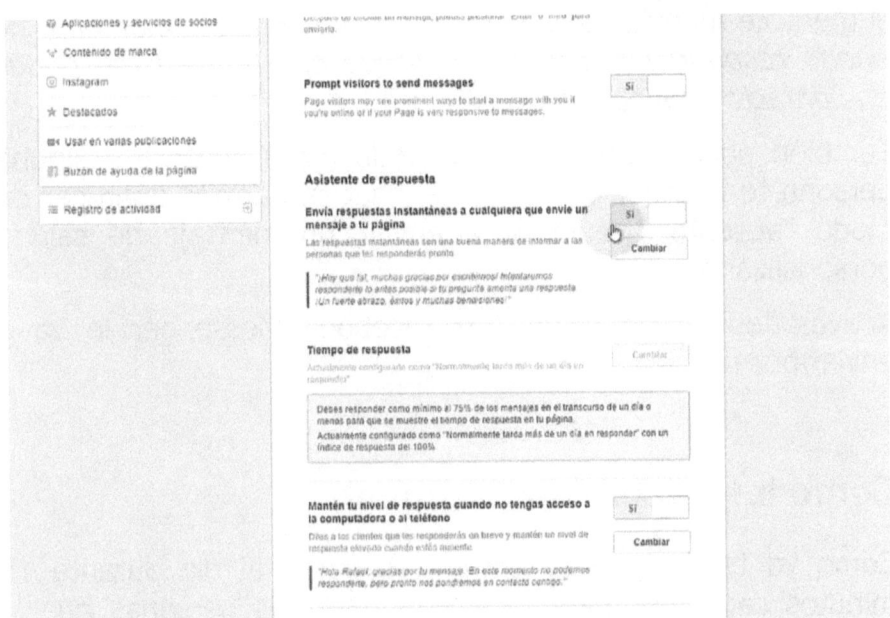

Para enviarles una autorespuesta, aquí te va a aparecer que "no" y le vas a dar en "sí".

Después haces clic en "cambiar" y vas a escribir el mensaje de autorespuesta que quieras que envíe e incluso, lo puedes personalizar poniendo el nombre de la persona.

Por ejemplo: *"Hola, ¿qué tal, Helio? Muchas gracias por escribirnos, intentaré responderte lo antes posible si tu pregunta amerita una respuesta. Un fuerte abrazo, éxitos y muchas bendiciones".*

Luego haces clic en "guardar" y ya tienes tu autorespuesta configurada.

Además de esto, te da otras opciones como mantener tu nivel de respuesta cuando no tengas acceso a la computadora o al teléfono.

Para ello, simplemente debes activar esta opción y configurar el mensaje a enviar. Puede ser algo así: *"En este momento no puedo responderte, en cuanto tenga oportunidad me pongo en contacto contigo. Saludos".*

También puedes activar que cuando estás ausente y alguna persona te escribe, porque en el chat te permite aparecer en modo "ausente", se le va a enviar un mensaje de saludo personalizado.

Activas "enviar un saludo" y Facebook Messenger lo va a enviar por ti.

Cómo interactúo directamente

Como ya te dije antes, entro tres veces al día durante 15 minutos cada vez, para interactuar con las personas que lo hicieron en las publicaciones.

¿Qué es lo que hago?

Lo primero es responder a las personas que escriben directamente en mi muro: *"Hola, (nombre de la persona) te mando un fuerte abrazo y te deseo muchos éxitos".*

O si envió una información importante tipo un artículo y ves que no está haciendo spam, porque hay veces te van a hacer spam tipo *"Hey, este negocio..."*, interactúo respondiendo, por ejemplo: *"Muchas gracias por tu comentario, te mando saludos y un fuerte abrazo"*.

Y así durante 5 o 6 minutos.

A continuación, lo que hago es interactuar con las personas que hicieron alguna acción en mis últimas publicaciones.

Imagina que en una publicación reciente hay 47 personas que le dieron "me gusta" y 14 que la han compartido, pues lo primero que hago es meterme en los compartidos y darles un "me encanta" o un "me gusta", porque lo están compartiendo en su muro.

Esto va a sorprender en la mayoría de los casos a estas personas y van a decir: *"Oye, esta Fan Page le está dando me encanta a mi estado, está interactuando conmigo, hay una persona detrás de esta Fan Page"*.

Incluso, como te dije antes, cuando estás comenzando puedes comentarle a la persona: *"Muchas gracias por compartir mi contenido, un abrazo y muchos éxitos"* y así con todos, creas una autorespuesta cuando estés comenzando.

Y por último, el tiempo que me resta para cumplir los 15 minutos reservados para interactuar, los dedico a responder comentarios hechos en mi publicación.

Esto te va a tomar algo de tiempo, no mucho, por eso te recomiendo que te marques un tiempo específico y lo cumplas a rajatabla, ya sabes lo fácil que es dispersarse en Facebook, ¿verdad?

Sin embargo, es muy bueno que lo hagas porque genera más interacción y fidelizas aún más a tu audiencia y de paso, vas a ir viendo qué está pasando en cada publicación y cómo está reaccionando la gente, cuánto se está compartiendo y si se viraliza o no se viraliza, para después potenciarla y publicarla en los grupos.

Y no creas que me he olvidado de explicarte esto de los grupos.

Es justo lo que te voy a contar en el siguiente capítulo.

Pero por ahora, debes comenzar a tomar acción e interactuar con tu audiencia.

¡Dale con todo!

CAPÍTULO VII.

LA MINA DE FANS

Quizá te estés preguntando a qué me refiero cuando hablo de la mina de fans, pues ni más ni menos que al secreto mejor guardado de los grupos de Facebook, es decir, cómo puedes encontrar en los grupos tu mejor contenido de tu Fan Page.

Lo cierto es que no puedes compartir todo tu contenido, ya que podría poner en peligro tu perfil y tu Fan Page, así que hay que hacerlo de la forma correcta.

Y algo muy importante para ello, es elegir los grupos más activos y grandes de tu nicho de mercado.

Es decir, no tiene mucho sentido que publiques en un grupo de 1.000 personas si no hay gran cantidad de actividad en él y tampoco te va a servir de nada publicar en un grupo de 100.000 personas si la actividad de ese grupo es nula.

Lo que estás buscando es mucha actividad y mucha cantidad de personas que vean las publicaciones al mismo tiempo y esto lo puedes encontrar en los grupos, no en todos, pero sí en algunos específicos y para encontrarlos hay que saber cómo hacerlo y eso es justo lo que te voy a enseñar en este capítulo.

¿Por qué?

Porque esto te va a permitir viralizar todo tu contenido y para ello, los grupos más activos y más grandes son los perfectos.

Mi recomendación personal es que si estás en un nicho un poco más genérico, publica en grupos de al menos 100.000 personas en adelante, si tu mercado te lo permite.

De hecho, hay muchos nichos de mercado que no tienen audiencias muy grandes, por lo que tienes que saber adaptarte en base a tu estudio de mercado y ver qué grupos son buenos.

Quizá en un grupo de viajes puede hacer más de 100.000 personas, pero puede que 10.000 miembros sea tu número ideal en base al análisis que hiciste, porque estés en un nicho como hablar en público, cómo seducir mujeres, cómo conocer personas, cómo ser más sociable, desarrollo personal, etc.

En definitiva, el número de miembros de un grupo dependerá mucho del nicho en el que estés y lo importante es saber adaptarse.

¿Por qué publicar en los grupos?

Porque los grupos de Facebook te sirven como amplificador para tu Fan Page.

Imagínate que estás tocando una guitarra eléctrica sin amplificador, va a sonar, pero va a sonar demasiado bajito, de hecho, si tocases una acústica sonaría mucho más.

Pues lo mismo pasa cuando publicas en los grupos, es como si le estuvieses poniendo el enchufe que dirige al amplificador para que ese sonido se escuche por todos lados.

Por tanto, así como la publicidad que pagas en Facebook, es para que tengas un mayor alcance, para que amplifiques tus publicaciones hacia más personas de determinados países, más segmentados, los grupos de Facebook también los usarás como amplificadores para viralizar tu contenido en base a tu temática.

Entonces, si alguno de tus posts se hace viral, tiene buena aceptación por la audiencia, lo primero que vas a hacer es publicarlo en grupos.

¿Por qué primero en grupos y no hacerle publicidad directamente?

Para que se potencie aún más este post y una vez lo haya hecho, ya le puedes hacer publicidad en Facebook y así lograrás que la interacción te salga mucho más económica que el promedio porque ya tiene una base con la cual se ha demostrado que es viral y que tiene muy buena aceptación.

Es decir, además de aumentar la viralidad y el alcance de dicho post vas a explotarlo al máximo y cuando deje de dar los resultados que estás buscando, vas a otro post viral que ya ha tenido mucha aceptación, lo publicas en los grupos y le haces publicidad también a ese.

Lo cierto es que no vas a necesitar mucho dinero ya que Facebook te va a dar muy buenos resultados, gracias a todo lo que estás haciendo.

¿En cuántos grupos debes publicar cada día?

La respuesta general es en todos los que tú puedas.

Si puedes hacerlo en cincuenta grupos al día, perfecto, si puedes hacerlo en cien grupos al día, súper bien, doscientos, quinientos, mil... Excelente.

Pero aunque suene muy bien publicar en tantos grupos, has de tener cuidado en cómo hacerlo.

La mejor forma de publicar en los grupos es en 16 grupos por perfil, más de ahí no.

Es decir, yo en mi perfil de Facebook publico 16 veces en 16 grupos distintos o en 8 grupos 2 veces al día, por la mañana y por la noche, más de ahí no es recomendable porque Facebook se puede dar cuenta, captar esto como una actividad anormal y puede pedirte datos o te puede bloquear la cuenta incluso.

Entonces lo mejor es que mantengas ese margen por perfil.

Ejemplo, si consigues 50 grupos con un buen volumen de miembros, además de que son los grupos más representativos de tu nicho, sería bueno publicar con tres perfiles de la siguiente forma:

Digamos que el perfil número 1 es el mío, entonces yo publico del grupo 1 al 16.

El perfil número 2 digamos que es el de mi primo y él publica del grupo 17 al 34.

Y el perfil 3 es el de mi mujer y ese perfil publica desde el grupo 35 al 50.

Esto lo debes hacer todos los días.

¿Para qué?

Para generar ese efecto viral y luego meterle publicidad para terminar de reventarla con este post en particular y pasar al siguiente.

Esto será en la medida de tus posibilidades, si no tienes tres perfiles, hazlo con uno, pero la idea es que lo hagas.

Recuerda, cuanto más mejor, pero hay que hacerlo con cabeza.

Es decir, no puedes crear un perfil de Facebook nuevo y ponerte a publicar en 16 grupos todos los días porque Facebook lo va a captar como una actividad anormal.

¿Cuántas publicaciones hacer por grupo cada día?

Mantén un margen de entre una y tres publicaciones al día por grupo, aunque de una a dos publicaciones está bien.

Recuerda: Si públicas en varios perfiles, procura que todos tengan actividad dentro de Facebook.

Publica imágenes, comparte cosas, usa el chat, ve imágenes, hace scroll en su muro, le da "me gusta" a algunas cosas con las que resuena, comenta algunas cosas en Fan Pages... En definitiva, haz como si ese perfil fuera real para Facebook.

Cada perfil nuevo que tengas debe actuar con la misma naturalidad con la que un usuario actúa en Facebook, ya que la idea es que cada perfil parezca natural.

De hecho, es preferible que sean de una persona real y con antigüedad.

¿Qué es un repost y para qué sirve?

Este es otro tema importante.

Un repost es un post que tuvo muy buena aceptación por tu audiencia y que vas a publicar en tu Fan Page en forma de compartir.

Estos repost te sirven para reciclar contenido porque no todas las personas vieron ese post que publicaste antiguamente debido a que siempre llegan personas nuevas, así que es totalmente normal reciclar una publicación una o dos veces, como máximo tres, pero con conciencia, con cabeza e inteligentemente.

Así, además de potenciar el alcance de tu post y de tu propia Fan Page, te ahorras un poco de tiempo en la creación de contenido.

Pero ojo, no debes hacer reposts hasta que hayan pasado al menos 48 horas de haber publicado tu post, de lo contrario Facebook te va a limitar tu alcance.

Con esto me refiero a los post dentro de tu Fan Page, no dentro de los grupos de Facebook.

Si crees que una publicación va a tener una excelente aceptación, la puedes publicar al mismo tiempo en tu Fan Page y en los grupos.

Es perfectamente normal y viable hacerlo, pero solo si tienes la certeza de que es uno de esos posts que tienen ese grado de viralidad que te hacen decir: *"Men, esto se va a viralizar".*

Esto es cuestión de intuición y de probar, porque yo he atinado en algunos, pero también ha habido otros en los que no.

Por eso, esperar unas 48 horas es bueno y prudente porque así ves cómo reacciona tu audiencia ante ese contenido y si reacciona bien, ya tienes un respaldo para publicar y llevar tu post a los grupos.

En los mejores grupos solo debes compartir los reposts de mejor contenido, no vas a publicar de cualquier cosa sino el que tiene mayor aceptación o como te acabo de decir, el que tu intuición te diga que va a tener muchísima viralidad.

¿Cuántos reposts debes hacer al día en tu Fan Page?

Entre un 20 a un 30% de las veces que publicas al día en tu Fan Page.

Por ejemplo, si haces 15 publicaciones nuevas al día, es decir, 7 imágenes y 8 vídeos, puedes repostear entre 3 y 4 veces al día, lo que te da un total de entre 18 y 19 publicaciones por día y esto también aumenta tu interacción y tu alcance.

¿Cómo saber qué contenido repostear?

Vas a la página de estadísticas de tu Fan Page, bajas a la parte donde añadiste las páginas que estás siguiendo, haces clic sobre tu Fan page y te mostrará las publicaciones destacadas de esta semana.

Estas publicaciones son a las que puedes hacerles repost.

Entonces, te recomiendo que te crees un documento en Excel o en Word y coloques los posts que vas a repostear para así tener un control sobre cuál repostear y tener mayor claridad porque eso te da velocidad.

¿Cómo saber cuándo un vídeo es viral?

Todo va a depender del nicho en el que estés.

En algunos casos pueden ser virales con 10.000 reproducciones y en otros casos con 1.000 reproducciones.

También va a depender de la cantidad de fans que tengas en ese momento, pero básicamente vas a ver un patrón común y es que vas a ver mucha interacción dentro de ese post, ya sea en forma de muchos compartidos o en forma de muchos likes.

La idea es que haya un balance entre la cantidad de reproducciones, la cantidad de "me gustas" y la cantidad de veces compartido.

Por ejemplo, si en un vídeo tengo 100 reproducciones y 30 interacciones tipo "me gustas", "me encanta", "me divierte" y esas cosas, es un buen indicativo.

O si ha sido 30 veces compartido de 100 reproducciones, quiere decir que ha sido compartido en un 30%, lo cual es una muy buena métrica para saber que ese vídeo tiene muy buena aceptación.

Por el contrario, si el vídeo tiene 100 reproducciones y 3 "me gusta", una vez compartido y no tiene comentarios, muy probablemente ese post no sea viral y hay que seguir avanzando.

Publica en cada grupo con un intervalo de tres minutos

Y además, mantén una lista de los post más virales que estás publicando en los grupos para llevar un control.

¿Cómo lo hago yo?

Lo primero que hago es buscar en *Google* "Temporizador Online" y hacer clic en la primera página.

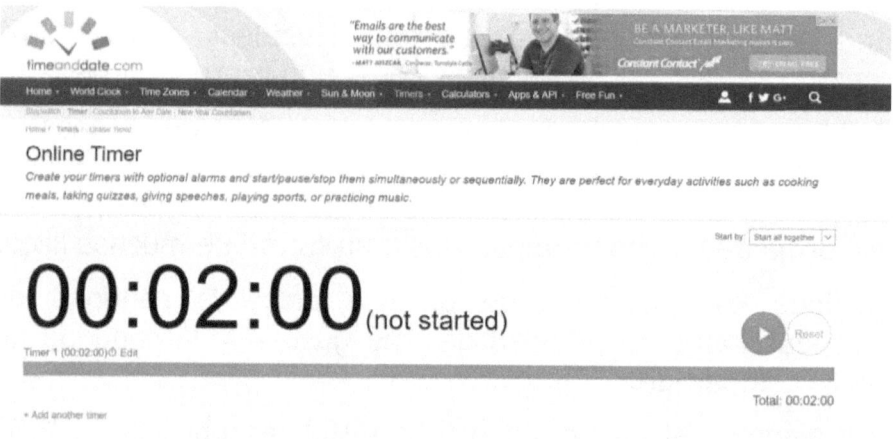

Una vez en el temporizador, por defecto me sale un intervalo de dos minutos, y lo que voy a hacer es colocarlo en tres minutos y ponerle una alarma para que cada vez que pasen tres minutos, yo pueda publicar en el grupo.

¿Qué es lo siguiente?

Me voy a Facebook, entro a un grupo, publico el repost y una vez que lo publique, pongo en marcha el temporizador y dentro de tres minutos, cuando el temporizador suene, ya es tiempo de publicar en el segundo grupo y así hasta que llegue a 16 grupos.

Si publicas en 16 grupos con un intervalo de tres minutos, te da que en 48 minutos, vamos a poner en una hora como mucho, ya habrías reposteado en 16 grupos al día.

De esta forma lo puedes medir y puedes hacer que dure la menor cantidad de tiempo.

CAPÍTULO VIII.

CÓMO ANALIZAR TUS ESTADÍSTICAS

Medir y analizar tus estadísticas es fundamental, ya que te va a permitir conocer a fondo a tu audiencia, qué les gusta, con qué resuenan, con qué conectan, con qué reaccionan, con qué cosas interactúan y con qué no interactúan y lo dejan pasar e ignoran.

Gran parte de esta información la vas a encontrar en el panel de estadísticas de tu Fan Page y al evaluar tus promociones, en caso de que hagas publicidad.

Hay dos formas de conocer las estadísticas: Una es entrando el menú superior, donde dice "estadísticas" y la otra es yendo donde te aparecen los "me gusta" que estás obteniendo.

Así puedes ver el alcance que está teniendo tu Fan Page actualmente, las últimas tres publicaciones que se hicieron, cuál tiene más, cuál tiene menos, los clics en el sitio web, que es la gente que va a tu página principal, los clics en "regístrate" que son los clics en el botón que está en el post, etc.

Un tip para aumentar las conversiones de este botón es poner una flecha en la foto apuntando al botón de abajo e indicando que tienes algo gratis para ellos o un llamado a la acción.

En la sección de estadísticas vas a observar múltiples cosas que indican, a modo de resumen, todo lo que está pasando en tu Fan Page, si está creciendo o no, si está bien o está bajando un poco el rendimiento, etc.

Pero las parte que más te interesa es la de "promociones".

¿Por qué?

Porque debes hacer promociones sí o sí.

Yo estoy muy a favor de invertir en publicidad para que tu Facebook crezca, ya que esto va a potenciar mucho tus resultados.

¿Qué publicaciones son las que vas a promocionar?

Las que mejor aceptadas por tu público.

¿Recuerdas que te comenté anteriormente que primero las vas a poner en la mayor cantidad de grupos que puedas y luego les vas a hacer publicidad?

¿Recuerdas que te expliqué que hacerlo así va a hacer que si la publicación tiene un llamado a la acción que diga *"Dale me gusta a nuestra página para más contenido diario"*, la interacción y los "me gusta" te van a salir mucho más baratos?

Y esto es muy interesante porque tanto los "me gusta" directos como los "compartir" hacen que otra gente pueda ver el contenido que tiene tu Fan Page.

Es decir, cuando una persona comparte tu contenido, este se va a poner en el muro de sus amigos, así que es lógico hacer publicidad porque todos estos "compartir" que obtienes gracias a la publicidad, captan "me gustas" orgánicos nuevos, sin contar los fans directos y además, el precio que estarás pagando por interacción va a ser muy bajo.

En mi caso he conseguido fans a 0,008 centavos.

No te lo digo para presumirte de ello, sino para que veas el potencial que tiene todo esto cuando lo sabes implementar bien.

En la página de estadísticas vas a poder mirar:

Qué publicación tiene mayor potencial a la hora de publicar en los grupos para luego hacerles publicidad y tener más alcance.

Cuántas personas han sido alcanzadas.

Las interacciones que está teniendo cada publicación.

Dónde son los clics recibidos. Es decir, si son en la foto, en el enlace o si hay otro tipo de clics que Facebook no detecta.

Si son tráfico orgánico o tráfico pagado.

La interacción con cada publicación, si ha tenido "me gustas", "me encanta", "me divierte".

Las veces que ha sido compartida.

La interactuación de tu público principal.

Cuántas interacciones provienen de hombres y cuántas de mujeres.

La edad de las personas que más están interactuando. Esto te va a dar una información muy interesante para saber si le estás gustando a tu audiencia y si estás, sobre todo, atrayendo al público correcto en base al nicho de tu Fan Page.

La geolocalización de tus Fans. Esto va a hacer mucho en cuanto a tu modelo de negocio, porque te permite saber de dónde procede tu audiencia y si vas por buen camino o si necesitas mejorar y modificar algunas cosas.

La pestaña de "promociones". Lo importante es que aquí vas a poder mirar todas las campañas que has realizado, indiferentemente de cuáles sean, y vas a poder ver los resultados con un clic.

La pestaña de "seguidores". Esta es una pestaña súper importante porque te dice el recorrido de tu Fan Page y cómo está yendo actualmente. Te muestra los fans pagados que hacen clic directo en "me gusta" y los que fueron orgánicos.

La pestaña de "anulaciones". Aquí verás las personas que dejan de darle "me gusta" a tu página, es decir, que se salen de tu página.

¿Cómo interpretar los números?

Lo primero que debes tener en cuenta es a cuántas personas estás alcanzando en total, tanto con la publicidad como con el tráfico orgánico, para saber si tu publicidad, tus post en Facebook, están atrayendo personas más de forma orgánica o si es que tienes que pagar muchísimo en publicidad para que tu contenido se viralice.

La idea es que la mayor cantidad sea tráfico orgánico y que haya un poco de pago porque estás invirtiendo para que tu Fan Page crezca, en el sentido de poner dinero para darle un plus y acelerar para llegar a la cifra que quieres en el menor tiempo posible.

Otro dato a tener en cuenta son las visitas a tu página, es decir, las personas que entran a tu Fan Page.

Puedes ver de dónde vienen esas visitas en su gran mayoría, si vienen directamente de Facebook, si vienen de Google, etc. y adónde entran primero.

Encontrarás que la mayoría de las visitas vienen a la página de inicio, pero hay otras que entran por medio de publicaciones, fotos, opiniones, etc.

Luego fíjate en las acciones de la página, o lo que es lo mismo, qué es lo que está haciendo tu audiencia como tal, dónde está haciendo clic, si es en tu sitio web o en el botón de registrarse, etc.

Un dato muy interesante a tener en cuenta es el horario en el que las personas están más activas.

Y por supuesto, debes fijarte en qué publicaciones son las que están teniendo un mejor rendimiento para compartirlas en grupos y luego hacerles publicidad.

La parte de "vídeos" también es muy importante porque te dice cuántas reproducciones están teniendo tus vídeos, cuántas veces han sido reproducidos y cuántos minutos.

Todos estos datos son importantísimos para ver qué patrones comunes puedes hallar, para ver cómo reacciona tu audiencia y ver patrones que puedan estar funcionando para ti.

Esto, a grandes rasgos, es lo que te quería mostrar sobre las estadísticas, ya que te va a permitir saber si estás atrayendo a la audiencia correcta o no y qué cosas le están gustando a tu audiencia.

¿Para qué?

Para explotarlo al máximo y obtener muchos más resultados, así que evalúa a tu público para ver si estás atrayendo a la gente correcta y a darle promoción a las publicaciones más exitosas.

CONCLUSIÓN

Bien, hemos llegado al final de este libro en el que te he mostrado la manera exacta que utilizo yo para hacer crecer mis Fan Pages en tiempo récord.

Ya conoces el sistema.

Ya conoces los pasos a seguir.

Ahora solo te falta ponerlos en práctica y empezar a hacer publicaciones y convertirlas en virales para después hacerles publicidad de pago.

Estoy seguro de que, si aplicas al pie de la letra todo cuanto te he mostrado aquí, muy pronto estarás obteniendo los mismos resultados que yo o incluso mejores.

Así que no te entretengo más porque me gustaría muchísimo que te pusieras manos a la obra en cuanto acabes de leer este libro.

Y por supuesto, me encantará saber de tus resultados, que estoy seguro de que van a ser un Éxito.

Tu amigo,

Helio Laguna

www.ingramcontent.com/pod-product-compliance
Lightning Source LLC
Chambersburg PA
CBHW031544210526
45464CB00003B/1145